NOTICE

SUR

PHILIBERT LE DUC

Vice-Président de la Société Littéraire de l'Ain; — Traducteur des Sonnets de Pétrarque, 2 vol.; — Auteur des Curiosités historiques de l'Ain, 3 vol.; de la Révolution dans l'Ain, 6 vol., etc., etc.

Par Et. MILLIET

Chevalier de l'ordre pontifical de St-Sylvestre, Membre de la Société littéraire de l'Ain

(Avec un portrait de M. Philibert Le Duc et un fac simile de son écriture)

BOURG-EN-BRESSE
FRANCISQUE MARTIN-BOTTIER, LIBRAIRE-ÉDITEUR

1885

NOTICE

SUR

PHILIBERT LE DUC

une fleur.

Tu voulais une fleur, je viens t'en cueillir une
rustique de parer ta chevelure brune ;
Une est blanche pourtant, blanche comme du lait
Mais pas plus haut, hélas, qu'un buis de serpolet.

C'est une fleur commune : on en voit par centaines
Dans les bois, dans les champs, au bord des fontaines,
La prairie en est pleine, et le long des chemins
Les enfants pour jouer en cueillent à leurs mains.

Je n'ose pas t'offrir cette humble pâquerette,
~~Si je ne t'offrais pas une seule fleurette~~
~~Une preuve de plus que tu en as~~
~~Pour ~~~~~~
                                qui entre mon doux désir
Te complaire est pour moi le plus doux des plaisirs.

                          Philibert Dury

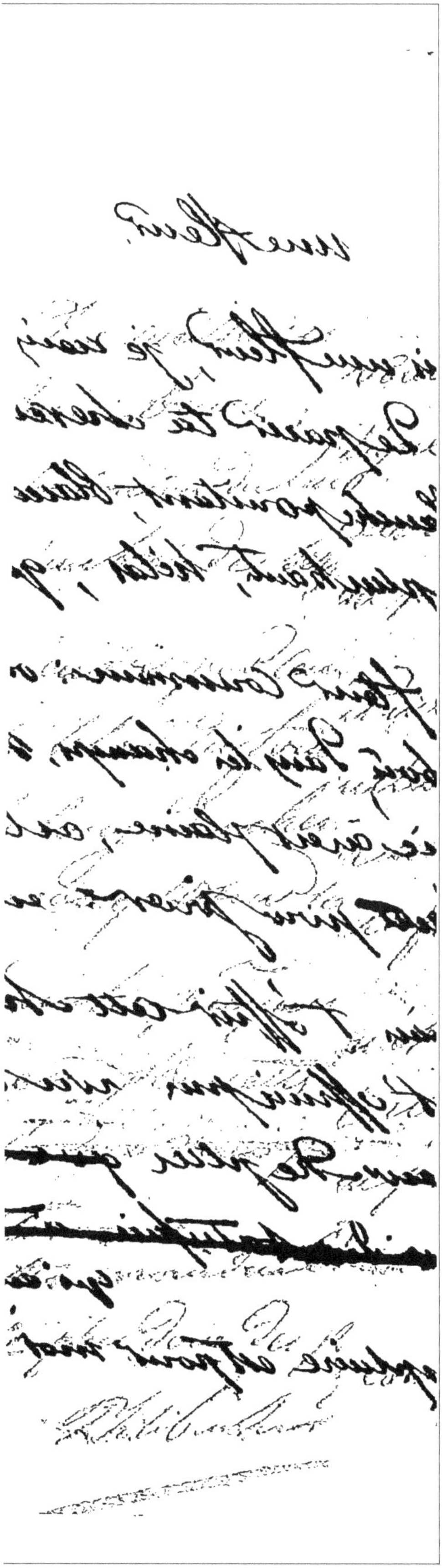

NOTICE

SUR

PHILIBERT LE DUC

Vice-Président de la Société Littéraire de l'Ain; — Traducteur des Sonnets de Pétrarque, 2 vol.; — Auteur des Curiosités historiques de l'Ain, 3 vol.; de la Révolution dans l'Ain, 6 vol.; etc., etc.

Par Et. MILLIET

Chevalier de l'ordre pontifical de St-Sylvestre, Membre de la Société littéraire de l'Ain

(Avec un portrait de M. Philibert Le Duc et un fac simile de son écriture)

BOURG-EN-BRESSE
FRANCISQUE MARTIN-BOTTIER, LIBRAIRE-ÉDITEUR

1885

Bourg, imprimerie J.-M. VILLEFRANCHE, place d'Armes, 1. — 313-85.

PHILIBERT LE DUC [1]

Quoique emporté d'une manière foudroyante, à 70 ans, on pourrait dire qu'il était encore dans toute l'efflorescence de l'écrivain et du poète. Nul autre, parmi ceux dont notre pays est fier, n'a plus produit que lui et dans des genres divers.

Il était petit-fils de Thomas Riboud qui lui-même avait beaucoup écrit après avoir été à la tête de l'administration de notre province, après avoir figuré dans nos grandes assemblées de la première République et du premier Empire. Les documents et manus-

---

[1] M. Philibert Le Duc était vice-président de la *Société littéraire de l'Ain*, membre de l'Académie de Lyon et de plusieurs sociétés savantes. Il est mort à Bourg le 9 octobre 1884.

crits, qu'il avait colligés avec soin, ont heureusement passé à son petit-fils qui a su les mettre en lumière.

M. Philibert Le Duc, dont le père avait un emploi supérieur dans l'administration des eaux et forêts, embrassa lui-même cette carrière, et il arriva bientôt au grade d'inspecteur qu'il occupa à Belley, Annecy et Lons-le-Saunier; c'est pendant ces fonctions actives qu'il publia un livre sur le reboisement de la France et un autre sur le cubage des bois, approuvé par le Directeur général des forêts.

Il fit aussi paraître à Paris une *Etude sur la vie et les œuvres de* Varenne de Fenille, notre grand sylviculteur, si fatalement immolé par la Révolution. Cet ouvrage fut publié en 1869 sous les auspices du ministère de l'agriculture et de l'administration des forêts; les agronomes peuvent y puiser bien des leçons utiles.

Mais, c'était là un travail tout professionnel qui n'arrêtait pas cependant ses instincts poétiques. Ouvrez ses livres, vous y trouverez des pièces de vers datées de Cluny, de Verdun, de Douai, villes où il avait été appelé à remplir ses fonctions. Ces élans, pleins de la grâce et de la sève de la jeunesse, il les envoyait à travers les vents et les éclaircies du ciel à sa patrie absente, à ses parents, à ceux qui lui étaient chers. Relisez sa *Tour de Jasseron* avec sa vieille légende, ces vers qui célèbrent ses premières années, la Bresse, l'église de Brou, les champs aimés et parés de fleurs, les grands arbres fouettés par les orages, les soirs d'automne avec leurs teintes mélancoliques, les gracieuses fleurettes qui embaument l'air et les jolis petits oiseaux qui chantent en passant sur nos buissons. Rien ne lui échappait en fait de souvenirs, de sentiment et de délicatesse. Voyez *Brixia*, parcourez ses *Haltes dans les Bois* « qui l'ont sacré poète » a dit un critique. Que de compatissance dans sa pièce à une pauvre fille de Bourg :

> Pauvre fille ! Elle a bien sa part de peine amère ;
> Elle coud tout le jour à côté de sa mère
>   En courbant son front languissant ;
> Et seulement, le soir, quand l'ombre s'est accrue,
> Elle quitte l'ouvrage et, du seuil, dans la rue,
>   S'amuse à voir quelque passant.

Et les pièces, pleines d'élévation, adressées soit à de Lamartine, soit à Gabriel de Moyria, elles seront toujours lues et relues par tous les amis de la poésie ; c'est à ce dernier qu'il adressait cette strophe :

> Il a suivi de près les fleurs de son parterre,
> Et maintenant il sait l'insondable mystère
> Qu'en vain son dernier chant demandait à la terre.
> Promenades de Bourg, sentiers, champs parfumés,
> Vous n'attirerez plus, le soir, ses pas charmés.

Dans ses *Chansons bressanes*, recueillies à leur source et dans ses *Noëls bressans*, reproduits dans leur suave originalité avec la musique (car il était excellent musicien), que d'observations précieuses sur notre vieux patois qu'il connaissait bien et qui va se perdant chaque jour !

Nous laissons de côté beaucoup de petites publications pour arriver à ses grands travaux comme à l'*Ecole de Salerne* dont tous les préceptes en latin sont très fidèlement reproduits en poésie facile, et à ses deux volumes des sonnets de Pétrarque mis en vers réguliers, ouvrage qui a été couronné par une médaille d'or aux fêtes du Centenaire d'Avignon. L'italien qu'il avait étudié, a passé dans la langue française avec toute sa grâce harmonieuse. Ah ! c'est que Pétrarque, épris de Laure, avait des notes qui vibraient aussi dans l'âme de M. Philibert Le Duc.

Si Pétrarque fut couronné du laurier des poètes au capitole, M. Philibert Le Duc fut couronné aussi, pour sa traduction en vers, aux fêtes qui eurent lieu à Avignon et à Vaucluse, en 1874, à l'occasion du centenaire de Pétrarque ; et des différentes pièces adressées à M. Philibert Le Duc pour sa belle traduction nous n'en détacherons que les vers suivants. C'est Pétrarque des champs élyséens qui parle :

> Des bords de l'Idanus [1] un écho de Vaucluse
> Est venu jusqu'à nous... Pour la première fois,
> Depuis cinq cents hivers que sommeillait ma muse,
> Sous un timbre étranger je reconnais ma voix.

Disons toutefois que si M. Philibert Le Duc avait bien vu en poète la fontaine de Vaucluse et le gracieux vallon où murmurent ses eaux, il lui manquait, cepen-

---

[1] Nom donné à la rivière d'Ain dans les *Commentaires de César;* cette rivière, affluent du Rhône, a donné aussi son nom au département de l'Ain.

dant, pour relever l'éclat de certaines teintes, d'avoir vu le soleil d'Italie, le golfe de Naples, la mer et les orangers de Sorrente. Quoi qu'il en soit, il comptera parmi les bons traducteurs des poésies de Pétrarque.

C'est déjà un beau titre, mais il ne suffisait point à son ardeur pour le travail et à son amour pour les lettres ; il entreprit la traduction des *Bucoliques* et des petits poèmes de Virgile, reproduits vers pour vers, avec un rare bonheur et malgré les difficultés que présentait notre langue souvent rebelle ; c'est ce qui a fait dire à un savant critique, M. Georges Garnier, dans un article très-remarquable publié par le *Salut public* :

« M. Philibert le Duc a su, avec l'instrument dont il disposait, rendre de la manière la plus heureuse et en même temps la plus exacte le sens et le coloris de son modèle et cela *vers pour vers*. Ne cherchez pas la *lettre morte* dans ces étroites limites ; mais sur ce lit de Procuste, voyez surgir l'image vivante et radieuse de l'original. Là, pour la première fois Virgile pourrait se reconnaître dans l'avatar qui s'est incarné dans ses cendres galvanisées. »

Ce jugement restera et formera un des plus beaux titres de gloire de notre compatriote dans la république des lettres.

Mais, laissant de côté, nombre de productions sur divers sujets, nous allons le retrouver dans le domaine de l'histoire. Il avait un véritable culte pour son aïeul, M. Thomas Riboud ; il s'attacha à la mémoire de cet homme distingué, qui fut procureur-général syndic de notre province et devint, après avoir traversé, quelquefois en victime, tous les orages de la Révolution, président de la Cour de Lyon ; il avait publié beaucoup de mémoires sur des questions historiques et autres.

M. Philibert Le Duc s'est appliqué à mettre tout en lumière et son petit livre, *Papiers curieux d'une famille de Bresse*, a mérité d'être mentionné avec éloges dans un ouvrage consacré aux anciennes familles de France, par M. Clément de Ribes, qui a eu soin de nous faire connaître tout ce qu'avaient de sage et de précieux ces *Livres de raison* que nos pères tenaient à jour autrefois dans le sanctuaire même de la famille. Que de touchants avis, que de sages leçons s'y trouvent consignées à chaque page de leur vie. M. Le Duc aussi aimait la vie de famille avec toutes ses épreuves. Que de fois nous l'avons vu conduire dans son jardin et aux champs, que dorait un soleil de printemps, cette jeune petite-fille sur laquelle reposaient toutes ses espérances, et lui apprendre comment naissaient et mouraient les plus belles fleurs !

Un ouvrage dont il a été peu parlé, et qui fut d'abord publié en feuilletons, a atteint aujourd'hui un haut prix, nous voulons dire : *Les Curiosités historiques de l'Ain*, en trois vol. in-12.

Sous ce titre modeste de *Curiosités historiques*, il y a tout simplement l'histoire de la Bresse, du Bugey et de la Dombes depuis la venue de César dans les Gaules et continuée sous les rois jusqu'aux Etats généraux de 1789 : là se trouvent les diverses transformations de notre province, les luttes et les combats qu'elle eut à soutenir sous divers petits souverains ; là encore sont enregistrées les diverses assemblées de la noblesse, une histoire du présidial, les cahiers et doléances des divers ordres. M. Philibert Le Duc terminait son 2ᵉ volume par cette observation :

« La civilisation a certainement progressé sous la monarchie jusqu'à la révolution. Pourquoi ne serait-elle pas arrivée avec la monarchie au point où elle est aujourd'hui et même au-delà ? N'a-t-elle pas été retardée d'un demi-siècle par 1793 et par les perturbations politiques et morales que cette date funeste nous a léguées ? »

Ainsi, dans notre Société malade, divisée et travaillée par les doctrines les plus étranges et les plus subversives, M. Le Duc n'a pas craint d'exposer son opinion sur les causes du mal dont nous souffrons.

Le troisième volume est rempli d'historiettes, de fragments de vieilles poésies et de toutes choses concernant nos anciennes provinces, qui en font véritablement un livre attrayant et curieux ; — presque introuvable aujourd'hui, au grand regret des bibliophiles.

Nous voici naturellement amenés à sa grande publication de l'*Histoire de la Révolution dans l'Ain*, en six volumes. Quelle tâche immense et difficile il avait entreprise ! Dieu lui a fait la grâce de la conduire à bon terme, et, après avoir corrigé devant nous les dernières épreuves du dernier volume, peu de jours avant d'avoir été enlevé de ce monde si agité, il a pu se dire : *exegi monumentum*. Et, en effet, que de luttes, que de combats, que de misères, que de douleurs, que de sang versé! Tout a dû préoccuper ses nuits et troubler son sommeil! Malgré cela, tout est fidèlement et même quelquefois un peu froidement enregistré, mais la voix implacable de l'histoire se retrouve toujours. Lisez ces pages où sont retracées les époques les plus lamentables de notre histoire révolutionnaire. Parcourez ces documents nombreux et imposants qui eussent été perdus peut-être, et à tout jamais, sans le travail infatigable, sans le souci de l'avenir qui étaient les privilèges de M. Philibert Le Duc. Celui qui verra ces six volumes étalés ne se doutera pas de ce qu'ils ont coûté de soins à leur auteur; et s'il veut bien les lire il apprendra beaucoup sur les temps effroyables qu'ont traversés nos pères, sur les familles en deuil et surtout il s'instruira. Nous qui l'avons suivi de près dans son labeur incessant, nous savons aussi ses luttes, son sacrifice de lui-même, car qui peut espérer écrire sur des sujets encore palpitants, sans heurter, sans blesser autour de soi; — tous ceux qui ont tenu ou tiennent une plume en savent quelque chose.

Comme pour se reposer de tant de travaux sérieux, il est revenu, dans ces dernières années, à ses études chéries, à la poésie et il a livré aux amis fidèles un opuscule intitulé : *Sonnets curieux et sonnets célèbres*, étude anthologique et didactique suivie de sonnets inédits par lui-même. On sait qu'il excellait en ce genre. Sa poésie a toujours une douce fraîcheur avec la rime constamment riche. Il a donc tracé d'une main sûre toutes les règles, toutes les formes de ce « bijou de la poésie » et en citant depuis ceux de Voiture, de Ménage, de Benserade, d'Emile Deschamps, de Soulary, de Louis Veuillot, jusqu'au fameux sonnet d'Arvers qui est dans toutes les mémoires. Et lui-même, Philibert Le Duc, en a écrit des plus remarquables ; il nous sera bien permis au moins d'en citer un qui se trouve sous notre plume, et qui correspond bien à nos idées et au temps, hélas, où tout s'effeuille autour de nous, où les amis, encore pleins de sève et d'ardeur, disparaissent; c'est bien aussi cette définition qu'on a donnée du sonnet « une goutte d'essence dans une larme de cristal ».

L'ARRIÈRE SAISON

> ... Ce qui naît doit mourir.
> ... Ce qui meurt doit renaître.
> ROUCHER.

Comme toi je suis triste en voyant revenir
L'automne, les vents froids et les brèves journées,
Et les feuilles tombant sur les herbes fanées,
Et les plaines du ciel commençant à brunir.

Et je songe parfois, les yeux dans l'avenir,
Qu'après les doux printemps, les fraîches matinées,
Viendra pour nous aussi l'automne des années,
Puis l'hiver, et puis l'heure où tout devra finir.

Horace nous dirait d'une voix peu sévère :
« Aimons la jeune vierge, emplissons notre verre !
« Vivons, amis, vivons pendant qu'il en est temps. »

Moi, je dis en mon cœur, comme dit le vrai sage :
« Fécondons en priant le terrestre passage ;
« Et nous aurons là-haut un éternel printemps.

Il en jouit certainement de cet éternel printemps, car il l'a bien mérité. Cette mort si rapide avait été précédée, pendant l'hiver dernier, de longs jours de souffrance et de solitude ; il est tombé, hélas ! au moment où nous le voyions presque renaître, où nous attendions de nouveaux chants de sa muse féconde. Ainsi que l'a dit Bossuet « l'homme passe comme les vaines images que la fantaisie forme en elle-même dans l'illusion de nos songes. »

Et cette fin douloureuse est arrivée alors qu'il venait d'être chargé de la direction de la *Revue littéraire de l'Ain*, alors que beaucoup de ses amis étant absents n'ont pu l'accompagner à sa dernière demeure. Son cercueil était littéralement couvert de fleurs et sous les voûtes du temple une main amie et habile a fait descendre de l'orgue ces notes tristes et mélancoliques que Le Duc lui-même appréciait tant, car il l'a dit dans sa pièce à M. de Moyria :

Les prières aux pleurs pour lui se sont unies ;
Pour lui l'orgue a versé de graves harmonies,
L'hymne sainte a monté jusqu'aux voûtes bénies.

Espérons qu'il se trouvera, parmi les compatriotes de M. Philibert Le Duc, un écrivain studieux qui consacrera à ses œuvres une étude plus étendue et fera une biographie plus complète de cet ami si fidèle des lettres et de la poésie, qui eût pu briller sur un plus grand théâtre, s'il n'eût préféré rester fidèle au foyer de ses pères.

Il est bien vrai qu'il n'y a pas eu de discours sur sa tombe ; il n'y en a pas eu non plus sur celles de M. de Moyria, de M. de Lateyssonnière et du savant abbé Gorini. On sait que Lamartine lui-même ne voulait plus rien après les paroles du prêtre « homme corruptible, tu as revêtu l'incorruptibilité ».

Mais il se murmurait devant cette tombe où descendait le poète et l'historien, et dans quelques cœurs vivement émus, des mots qui ont dû arriver jusqu'à lui, car ses amis le savaient plein de foi en la vie éternelle et d'espérance en la miséricorde divine.

Bourg, le 20 octobre 1884.

SUR LA TOMBE
DE
NOTRE TRÈS REGRETTÉ PHILIBERT LE DUC

Sur une tombe un jour, il se penchait rêveur ;
A celui qu'il pleurait dans un chant triste, austère,
Il semblait demander que l'éternel mystère
Qui couvre les tombeaux, vînt rassurer son cœur[1].

Philibert un moment ploya sous la rigueur
Que ce fatal secret fait peser sur la terre ;
Mais voilà qu'en son âme une voix crie : « Espère !
« Porte au ciel ton regard, qu'il n'en coule aucun pleur !

« La vie est un flambeau que le ciel te confie,
« Et s'il paraît s'éteindre un moment dans tes mains,
« Il doit se ranimer à des foyers divins... »

A ces mots, Philibert, ta foi fut affermie,
Et du doute, à jamais, tu secouas le poids.
Ah ! de ta tombe, ami, nous vient la même voix.

L.-M. NYD.

Sermoyer, 10 octobre 1884.

---

[1] Dans une admirable élégie sur la tombe de Gabriel de Moyria, Philibert a dit :

.... Maintenant il connaît l'insondable mystère
Qu'en vain son dernier chant demandait à la terre.

OUVRAGES

PUBLIÉS PAR M. PHILIBERT LE DUC

La Tour de Jasseron, poésie, in-8º (1834), Moulins, typographie de Desrosier .... » 75

La Bresse, poëme in-12 (1838), Bourg, P.-F. Bottier, éditeur .... » 75

Airs bressans recueillis et notés pour le cor et le cornet à pistons, in-fol., (1845), Paris, Schonenberger, éditeur .... 5 »

Les Noëls bressans de Bourg, de Pont-de-Vaux et des paroisses voisines, suivis de dix noëls bugistes, de trois anciens noëls français et des airs en musique, corrigés sur les premières éditions, traduits et annotés, in-12 (1845), Bourg, Martin-Bottier, éditeur 2 50

Le passage de la Reyssouze par Napoléon, petit poëme précédé d'une introduction historique et suivi de notes, in-12 (1846), Bourg, Martin-Bottier, éditeur .... 3 »

La Bolia aveulia (la jeune fille aveugle), noël bressan imité d'un noël provençal de J. Roumanille, avec musique, in-12 (1852), Bourg, Martin-Bottier, éditeur .... » 75

Margueta (Marguerite), poésie bressane traduite, in-12 (1852), Bourg, Martin-Bottier, éditeur .... » 75

Notice sur Alexis Le Duc, ancien conservateur des forêts, in-18 (1852), Bourg, imprimerie de Milliet-Bottier, imprimeur........................... » 75

Thomas Riboud et la Société Littéraire de Lyon de 1778, in-12 (1852), Lyon, imprimerie de Léon Boitel. » 75

L'Anti-démon de Mascon ou *Histoire particulière et véritable de ce qu'un démon a fait et dit à Mascon en la maison du sieur François Perrault, ministre du St-Evangile,* nouvelle édition comprenant une étude comparative de la richesse réelle et de la richesse de convention, par le comte Perrault de Jotemps, receveur des finances, ancien officier de marine ; préface, notes, conte en vers et biographie ; frontispice rouge et noir, in-18 (1853), Bourg, Martin-Bottier, éditeur.... 4 »

De la valeur progressive du Sol. par M. le Cte Perrault de Jotemps, in-18 (1854), Bourg, imprimerie de Milliet-Bottier............................ 1 25

Boisement du département de l'Ain, précédé d'une notice sur le boisement en France et suivi de considérations sur l'aliénation des forêts de l'Etat, sur le boisement et le défrichement, in-8º (1856), Bourg, Martin-Bottier, éditeur............... 3 50

Testament de Guichenon, précédé d'une notice biographique et suivi d'une généalogie, in-12 (1856), Bourg, Martin-Bottier, éditeur............... 1 50

Saint Philibert, notice suivie de cantiques en musique in-12 (1856), Bourg, Martin-Bottier, éditeur.... 1 50

L'Eglise de Brou et la devise de Marguerite d'Autriche, poésie précédée de documents inédits, in-12 (1857), Bourg, Martin-Bottier, éditeur......... 2 50

Le Trésor de la tour de Jasseron, ou *Les deux nuits de Noël,* poésie in-8º (1857), Moulins, typographie de Desrosiers .... 1 »

Papiers curieux d'une famille de Bresse, in-12 (1862), Nantua, Arène, imprimeur.................... 3 50

Vie et poésies du président Riboud, avec le catalogue de ses ouvrages et une généalogie, in-12 (1862), Bourg, Martin-Bottier, éditeur.............. 2 »

Préface de *Traître ou Héros* d'Humbert Ferrand, in-18 (1863), Belley, Sivan, éditeur..................

Une porte au mur de Belley, in-32 (1864), Bourg, Milliet-Bottier, imprimeur......................... » 75

Tables des Cônes tronqués pour le cubage des bois, in-12 (1865), Paris, Dunod, éditeur............ 7 50

Œuvre agronomique et forestière de Varenne de Fenille, études précédées d'une notice biographique, ouvrage publié sous les auspices du ministre de l'agriculture et de la direction générale des forêts, in-8º (1869), Paris, Rothschild, éditeur.. 8 »

Brossard de Montanay, conseiller au présidial de Bourg; **l'Enrôlement de Tivan**, comédie bressane en un acte et en vers, nouvelle édition augmentée de deux opuscules; illustrations de Alfred Chanut, in-8º, caractères antiques, papier teinté, titre rouge et noir, figures à l'eau forte (1870), Lyon, Perrin, imprimeur............................. 12 »

Sonnets curieux et sonnets célèbres, étude anthologique et didactique suivie de sonnets inédits, petit in-8º (1869), Bourg, Martin-Bottier, éditeur.... 7 »

Brixia avec une lettre de J.-T. de Saint-Germain, poésies in-12 (1870), Bourg, Gromier aîné, éditeur. 4 »

Discours sur la musique zéphyrienne, opuscule facétieux d'Emmanuel Marti, texte original accompagné de la première traduction, par un professeur de basson, in-8º, papier teinté (1873), Paris, Willem, libraire................................... 8 »

Le principe de l'affouage, in-8º (1874), Paris, typographie de S. Hennuyer.................... » 75

Haltes dans les bois, poésies in-12 (1874), Paris, Willem, éditeur............................	2 50
La médaille de Lalande, sonnet avec notes justificatives, in-8º (1874), Bourg, Martin-Bottier, éditeur....	» 75
L'Ecole de Salerne, avec la traduction burlesque du docteur Martin, nouvelle édition revue pour le latin sur les meilleurs textes, et pour la traduction sur l'édition originale de 1650, augmentée de deux suppléments latins traduits ou annotés et d'extraits des anciens commentaires, in-8º (1875), Paris, Delahaye, éditeur..............	3 »
Les sonnets de Pétrarque, traduction complète en sonnets réguliers avec introduction et commentaire, ouvrage couronné aux fêtes littéraires de Vaucluse et d'Avignon à l'occasion du cinquième centenaire de Pétrarque, 2 vol. gr. in-8º (1877), Paris, Willem, éditeur.....................	16 »
Magdeleine, d'après quelques auteurs, in-16 (1878), Bourg, Villefranche, imprimeur..............	1 50
Curiosités historiques de l'Ain, comprenant l'histoire de la Bresse, du Bugey, du Pays de Gex, et de la Dombes, depuis César jusqu'aux états généraux de 1789 et contenant dans la troisième partie historiettes et opuscules, 3 vol. in-8º (1878), Bourg, Martin-Bottier, éditeur (très rare)......	36 »
Les premiers Douglas du Bugey, documents inédits, in-12 (1878), Bourg, imprimerie du *Moniteur de l'Ain*...............................	1 »
Chansons et lettres patoises, Bressanes, Bugeysiennes et Dombistes, avec une étude sur le patois du Pays de Gex et la musique des chansons, textes recueillis, traduits et annotés, ornés d'une gravure, titre rouge et noir, in-12 (1881), Bourg, Martin-Bottier, éditeur	5 »

— 23 —

s Fabulistes de l'Ain, l'abbé Guichellet, Rossand, vicomte de la Boulaye, Musy, Villefranche, in-12 (1883), Bourg, Villefranche, imprimeur........ 1 »

dernier sonnet d'Arvers, in-8° (1883), Bourg, Villefranche, imprimeur......................... 1 »

s Bucoliques et les petits poëmes de Virgile, traduits vers pour vers en regard du texte latin, in-8° (1884), Bourg, Martin-Bottier, éditeur......... 3 »

istoire de la Révolution dans l'Ain depuis le 5 mai 1789, 6 vol. in-18 jésus, imprimés en papier teinté et vergé, en caractères elzéviriens, frontispice rouge et noir, ornés d'eaux fortes par Paul Morgon, (1879, 1880, 1881, 1882, 1883, 1884), Bourg, Martin-Bottier, éditeur...................... 36 »

Cet ouvrage, tiré à petit nombre en dehors des souscriptions, sera rochainement augmenté de prix.

SOUS PRESSE :

Les Idylles de Théocrite, traduites vers pour vers, in-8°.

www.ingramcontent.com/pod-product-compliance
Lightning Source LLC
Chambersburg PA
CBHW061010050426
42453CB00009B/1352